curare

Este livro foi selecionado pelo Programa Petrobras Cultural

ricardo corona

curare

etnopoesia

ILUMI//URAS
2011

Copyright © 2011 Ricardo Corona

Projeto gráfico
Eliana Borges

Fotos de capa e página 174
Eliana Borges
- Sobre *Carretel Curare*, performance, 2011, Ricardo Corona -

Revisão
Joana Corona

Dados internacionais de catalogação na publicação
Bibliotecária responsável: Mara Rejane Vicente Teixeira

Corona, Ricardo, 1962-
     Curare (2008-2011) : etnopoesia / Ricardo
Corona. - São Paulo, SP : Iluminuras, 2011.
     176 p. ; 23 cm.

     ISBN 978-85-7321-363-8
     "Programa PETROBRAS Cultural"
     "Programa Petrobras Cultural"

     1. Poesia brasileira. I. Título.

CDD (22ª ed.)
B869.1

1ª Edição

Printed in Brazil / Impresso no Brasil
Foi feito o depósito legal

EDITORA ILUMINURAS LTDA.
Rua Inácio Pereira da Rocha, 389
05432-011 - São Paulo - SP - Brasil
(11) 3031 6162
iluminur@iluminuras.com.br
www.iluminuras.com.br

Índice

Prólogo **15**

H É T A
nebuloso **23**
grou silencioso **24**
sono-insônia **25-26**
homem-inquilino **27**
a serpente e o pulsar **28**
novelo **29**
discursu **30-35**

NOTOBOTOCUDO
notobotocudo bam! **39**
nonada acéfalo **40-46**
rio irresistível **47-50**
cabeça-tsantsa **51**
menina curandeira **52**
ela **53**
língua estalactite **54**

SETÁ
língua surda **59**
rios-línguas **60**
sete vezes sete **61**
meninas-estrelas **62**
flores de açúcar **63**
céu-jogo **64-65**
ninho-nadas **66-67**

ARÉ
seres-insônia **71**
emaranhadaranha **72**
borda-lâmina **73-74**
experiência-oceano **75-76**
to vlemma tou odyssea **77**
caos-belo **78**
miolo-mito **79**

YVAPARÉ
asas deram impulso à criança **83**
bonito tembetá **84**
macurap **85**
selùtutu **86**
tam tam guineano **87**
meidosem **88**
lsd ka **89**

BUGRE
dom **93**
mons mans momas **94**
los diablos del ocumicho **95**
potlatch **96**
modernu **97**
raiz caminhante **98**
nome sem som **99**

SSETÁ
coisa dada & **103**
sexo foda dos informes **104**
under god **105**
linhas da palma **106**
canguru nômade **107-108**
zona cinza **109**
clockwork **110**

BOTOCUDO
é juanele **115**
a árvore cabeluda **116**
rito líquido **117**
toda prosa **118-119**
porosa **120**
águas **121-122**
língua-pedregulho **123-125**

SJETA
alhures nem **129**
solidão **130**
tiguá **131**
larry bell **132**
os afáveis vêm aí **133**
urbe desova **134**
anti weltanschauung **135-136**

CHETÁ
xetá nuvioso **141**
fresta **142**
tudonada **143**
que céu é esse? **144**
fontenelle pensa em xetá **145**
insônia-luz **146**
nuvem negra **147**

XETÁ
abóboda tátil **151**
céu outro **152**
céu-sacrifício **153**
céu decalcado **154**
céu-chão **155**
céu afetivo **156**
céu nômade **157**

a o a b e r t o (f u g a s)
SÍTIO DELICIOSO SEIS **162-163**
SÍTIO DELICIOSO CINCO **164-165**
SÍTIO DELICIOSO SETE **166-167**
SÍTIO DELICIOSO QUATRO **168**
SÍTIO DELICIOSO UM **169**
SÍTIO DELICIOSO TRÊS **170-171**
SÍTIO DELICIOSO DOIS **172-173**

Epílogo **175**

A
Nhangoray
e Vitor Corona,
pelas falas do coração

curare

sm 1 Veneno muito forte preparado pelos índios sul-americanos, para envenenar flechas. É uma composição de alcalóides extraídos de vários arbustos da família das Loganiáceas, principalmente das espécies *Sthrychnos castelnaui*, *S. crevauxiana* e *S. toxifera*, hoje usada em anestesia, para redução de espasmos no tétano e para produção de relaxamento muscular na terapêutica de choque. 2 *Bot* Nome dado a vários arbustos da família das Loganiáceas e das Menispermáceas, que fornecem esse veneno; ervagem, erva-dura. 3 O mesmo que *urare, urari, uirari, urali* e *ticuna*.

Prólogo

Entxeiwi. Com essa expressão, que se avizinha a "bom-dia", Tikuein – apelido de José Luciano da Silva – ou Nhangoray (Mão Pelada), seu nome indígena, falecido em 2009 e um dos últimos falantes da língua Xetá, iniciava uma conversa com o espelho. Um rito oral com o *outro* do espelho que podemos dizer um exercício-limite, sintoma do desaparecimento dessa língua – do grupo dialetal guarani, no caso o mbyá, bem como outras da família linguística tupi-guarani – e efeito da dizimação da diversidade cultural a-histórica. Os Xetá, desde o início dos primeiros contatos, em fins do século XIX, ficaram reduzidos a seis indivíduos remanescentes. A soma dos indivíduos é menor que o número de nomes atribuídos à coletividade: Xetá, Héta, Aré, Botocudo, Sjeta, Notobotocudo, Ssetá, Bugre, Yvaparé, Chetá e Seta. São onze nomes coletivos para seis indivíduos que atualmente não convivem coletivamente.

Poucos meses após ter decidido que o informe desta fala de Nhangoray seria a pulsão do poema, tive a alegria de encontrar-me com Jerome Rothenberg, em Curitiba, em meados de 2007. Em rápidos três dias de convivência, o poeta e tradutor estadunidense, criador do conceito *etnopoesia*, deixou-me sinais estáveis de que a poesia é presença e ruído de fundo nas diversas relações culturais. "Nenhuma pessoa hoje é recém-nascida. Nenhuma pessoa se acomodou apaticamente aos milhares de anos de sua história. Meça tudo pelo foguete Titan & pelo rádio transistor, & o mundo estará cheio de povos primitivos. Mas mude por uma vez a unidade de valor para o poema ou para o evento da dança ou do sonho (todas, claramente, situações artefatadas) & fica aparente o que todas estas pessoas têm feito todos esses anos com todo esse tempo nas mãos", escreveu Rothenberg em "Pré-Face - Technicians of the Sacred" (*Etnopoesia no milênio*).

Este informe do rito oral de Nhangoray é presença extremosa em *Curare* desde as primeiras linhas e põe em ênfase as relações entre poesia e etnia. A medida é monstruosa – do informe ao disforme, e, estendidamente, às linhas de fuga que sugerem ao poema o aberto –, um modo de se chegar ao *ethos* poético ou a uma *poética*. Posso dizer, além disso, que, recentemente, com a elaboração e exposição de uma etnoperformance chamada *Carretel curare* é que esse *ethos* delineou-se em seu movimento de retorno. O informe da fala de Nhangoray, presença na minha escrita-cosmogonia, escrita monstruosa, retorna à oralidade via espaço da performance.

Curare opera mais por uma força centrífuga do que centrípeta e descentra para não decifrar. "Não há mais sujeito-objeto, mas 'brecha escancarada' entre um e outro e, na brecha, o sujeito, o objeto são dissolvidos, há passagem, comunicação, mas não de um a outro: *um* e *outro* perderam a existência distinta" (Bataille).

Assim, a expressão "entxeiwi/bom-dia", pode ser uma variante livre do sentido "carpe diem" (Horácio), vulgarmente traduzido por "viver o dia". Se o gesto "carpe diem" busca dizer o que se esgota no instante presente, uma expressão para o "viver o agora", dizer "entxeiwi" ao espelho, em uma língua esquecida, pode nos abrir o sentido poético desta língua, sentido este que está em todas as línguas, momento em que não estão formalmente estruturadas como linguagens de poder (Blanchot). É neste lugar, lugar também da tradução, que não é começo nem fim, lugar *olvidado*, silencioso, lugar de ausência que *Curare* – "brecha escancarada" – se relaciona incessantemente. E se recorro ao carpe diem, antes de evocá-lo formalmente, um épico, procuro dizê-lo no sentido que a expressão "entxeiwi" se me apresenta, ou seja, lugar de potência que tanto necessita o poema que não quer nunca se acabar, que é "continuum de variações crescentes", nas palavras de Arturo Carrera, em seu *Noche y Día*.

Ricardo Corona

Escrevo na presença de todas as línguas do mundo, mesmo se não as conheço.
ÉDOUARD GLISSANT

HÉTA

1.

E n t x e i w i !

Héta menino vê através

vê o céu noutro lugar depois do desvario

– constelações arquipélagos
interzonas.

Héta
       sutil

chispa o tempo
inaudito.

      Tem um graveto ((((((((((((deita-se,

               N E B U L O S O)

: o fogo vem com sua dança desviante.

Héta esquivo
nalgum umbral do mundo

      vê sem cessar.

Esquizo,
ouve estalar as gotas,

tremer estrelas na malha líquida

2.

saiu do sonho ao estado de embriaguez (((**ah!**

l u f a d a s   d e   f a l a s   e s q u i v a s

Héta pensa sem falar
No espelho imagens de outro lugar

)................. e n t x e i w i ! ....

roda não pare o sonho de sono sonho desperto sonho não pare

Héta ocioso nem se importa em parar a roda.

Héta grou nem engrena nada

Héta descarrilou e sonha *um sonho guardião da insônia*

G R O U   S I L E N C I O S O

Diante do espelho

/ *corte no caos*

3.

A testa do menino Héta / tela de cinema
Nela tudo passa   sem se armar o todo
Héta não é mais ideia.

atravessa floresta,
dorme montanha,
plaina cidade,
          olha lugares alhures.

Se quiser, sem sair da aldeia.

     E é pequenino. E

          deita-se
e,
     S O N O - I N S Ô N I A,
     ouve o estalar das gotas
     na sua testa

: uma a uma
     umedecendo o calo de tanto ver
     som a som
     avivando falas ancestrais

:

     sólo en los sueños
     comienzan las responsabilidades

:

Sono sem sonho,

Sonho curare

Imóvel, corpo em expansão

(roupa-rito
corpo viajante
) até livrar-se do juízo

/ confim

4.

Menino/nome/homem/anti/homilia
tartamudeia às cegas

gago Godard na TV (um grou:

*palavras reenviadas até junto da boca, junto à página, à tinta ou
ao écran, palavras que voltam a entrar logo após terem saído,
sem que se propague a mínima significação*

) um tanto antecede o sussurro –
a fala se desarticula –
lábio leporino murmurante

– indivíduo nômade

neste sol

(((((((((noutro sol e sem a sobra do teu gesto inaugural

a terra era Bugre) *H O M E M - I N Q U I L I N O*

5.

deu-se a íris
cútis cor de urucum

corpo-cobra
cabelo brilhante

cintilando o l h o s - p u p i l a

veem (((desejam)))

o relato popol vuh:
Hunahpú e Ixbalanqué
– os filhos gêmeos
da virgem

a soma intriga a unidade

/

Héta réptil de retina horizontal está só diante do espelho

azula
flutua
ao som da flauta

Sjeta
no ar

(voam insetos, saltam de seus nomes científicos
multiplicam-se
ao redor

incomodados

nem pense em peste
nem pense

) A S E R P E N T E E O P U L S A R

6.

Héta...........grasna.grui.grulha........para.............
ooooooo.......espelho........aaaaaaaa....................
........língua.xetá............................eeeeeee.........
.........de............................lá............................
.Lewis...........joga...............com.........ele..........
....
....
......................juntos..............apanham......
......................ponto.por.ponto............................
......eeeeeee...................................os..............
.......................colam...................................
...............pelas.............extremidades.............
....
...................enredando.............ooooooo..............
....
N O V E L O.......que...
...lhe...............................sai........................
.......................da...
.............boca...
....
....
.eeeeeee...
...........................assim..............................
...........................aaaaaaa....................................
...poesia...
uma.......................teia......................................
......de.linhas.só.pontos.colados.um.no.outro........................
....
....
....
....

7.

...uma......linha.língua...
...............sem.meada...
............uma..
........linha............só....trama..
....
....
....
....
........língua.teia.................delineada...................
....
....
....
....
....
...................aaaaa...
....
.........atrair...
....escapulir.........
....trair.............................
.........ooooooo...
....
....
....
....
DISCURSU...
....
....
....
....
....

Héta.fala...........ooooooo.espelho.seu.outro................................

....

....

....

....

....

....

....

....Héta.fala.................

....

....

....

........fala.embaraçada...

....

....

....

........Héta.fala.seu.novelo.de.fios.com.linhas.de.pontos.grudados.
pelas.extremidades...

....

...........................Héta.com.este.novelo.na.boca.junta.palavras

....

....

....

....

....

...................................algumas.vêm.atravessadas.por.anzol

....
....
....enxame.........
.........................cortiço...................colmeia....bando......comitiva
.............cortejo.....séquito.............réstia..............................classe
....
piara....pandilha......fauna..manada...récua......récova......tropa.......
plantel....alcateia...chusma...
....coro................falange..........
legião........claque.........batalhão......manga..regimento.................
carrada..........monte...montão...................
....................................multidão.........mesnada...........................
....................batelada...
....................................mixórdia...........................
companhia.......elenco.........arvoredo.....bosque.......malhada.........
acervo.......chorrilho.........choldra...
....choldraboldra.........constelação....álbum.......bando........flotilha
.....saraiva......caterva...corja...horda....malta......súcia..turba..........
....................farândola...boiada....
cingel......junta...rebanho....boana...
comboio..
chumaço.guedelha.madeixa.marrafa.trança.cordame.cordoalha....
enxárcia.rebanho........................... ....
.........................fileira.......renque....baixela.caravana.................
cáfila....frota.......ninhada.....adua........cainçalha............. canzoada
.matilha..feixe...paveia..
conclave.chafardel.grei.malhada......oviário........rebanho..............
comboio.......composição.....corso...cartapácio............................
atlas.......................quarteirão.quadra.piquete.tropel.cáfila.piara
.tropilha.cambada.bolada.........bolaço.molho.penca.....................
..............................fartadela.fartão....fartura...................
....
....
....
....

meda..............moreia.....cabilda.............pandilha........clientela...
freguesia.coisada.coisarada..................coleção.cópia.................
....museu.rol.braçada.sequência.série.
sequela....................coleção................cúmulo.............colunata.
........renque.........cabido.....miçanga.baixela...cordoalha.....maço
.enxárcia..cordame...massame....cordagem..correame..................
..........apeiragem..............junta................................... assembleia
...................................folclore.....horda..............malta.............troça
................turba........legião.discoteca....apontoado..dúzia.............
.senzala.analectos.antologia.coletânea.crestomatia.espicilégio......
florilégio.seleta...
amarrilho........................atilho.feixe.lio.molho.paveia..............
........miríade............tuna................sortimento...batelada.............
conciliábulo.meada...........................mecha.ramalhete.buquê.....
cacho.girândola.formigueiro.convento..........colheita........safra...
..praga...gatarrada..magote......poviléu....manípulo.........manhuço.
.......manojo....manolho........maunça.......punhado.iconoteca.povo
.população.povoação..alcateia.....hinário..................arquipélago..
.........leva.colônia.maloca.tribo.tralha............................
correição.vara.hemeroteca.quadrilha............................
pandilha..lampadário....compilação..............................
leitegada........ruma...salgalhada.biblioteca.....................
livraria........catálogo....joldra.matula.sequela....................
....farândola.provisão.matula.
farnel...despensa.mapoteca.maquinaria...
.......................maquinismo..
maruja.tripulação.junta.cambada.moscaria.mosquedo.mobília......
repertório.charanga.filarmônica.orquestra.aliança.coligação.........
confederação.federação.liga.união.frota.flotilha.esquadra.armada.
lista.rol.coisa.marouço.orquidário.ossada.ossaria.ossama.............
esqueleto.alfeire.ninhada.clero.clerezia.vocabulário.dicionário.....
léxico....palavrório.resma.facção.partido.torcida.coligação..........
coalização.liga.passaredo.passarada.nuvem.pilha.paliçada.baixela.
fardo.magote...

trouxa.crestomatia.miscelânea.cardume.boana.aquário.espicha....
plumagem......caravana...romaria...romagem...colar..ramal...........
aglomeração..gente..maré..massa....mó...
....
.... pessoal.......................................
.................................roda.rolo..troço...turba....comitiva....cortejo......
préstito.....procissão.......plêiade...
...pugilo...punhado
.....comício..conselho...
congresso...............conclave...
.convênio...
.... corporação.........................seminário.............
.........clube..
....
....sindicato..
sociedade...
.........pomar..
....
....
viveiro....alfobre.....tabuleiro...
....
flora...
....
herbário...
.... persigal......................piara............
............vara..............................vezeira......................sínodo.......
.........corpo.docente.enxoval.mamparra.matula.ruma...................
....
....
....
....
....
....

Héta

Xetá

Bugre. Ssetá

Botocudo

Sjeta

Setá   Aré

Chetá

Notobotocudo

Yvaparé

NOTOBOTOCUDO

8.

He moves in disturbed

[...] Insect

Air

.

Inseto-homem

N O T O B O T O C U D O   B A M !

Rompe a linha do seu entorno

salta de si

Notobotocudo não é mais homem

está nos lugares e em nenhum

9.

estocarei as palavras
– beckett! beckett! beckett! –
até voarem insetos

(

.....................rothschildia.aurota.aurota.....................
.....................prostephanus.truncatus.....................
.....................pachymerus.nucleorum.....................
.....................mimosestes.mimosae.....................
.....................colobogaster.cyanitarsis.....................
.....................diabrotica.speciosa.....................
.....................typophorus.nigritus.....................
.....................montella.lepagei.....................
.....................anthonomus.acerolae.....................
.....................platyomus.elegantulus.....................
.....................parisoschoenus.subsimilis.....................
.....................spermologus.rufus.....................
.....................cratosomus.reidi.....................
.....................chalcodermus.bimaculatus.....................
.....................heilipodus.naevulus.....................
.....................astylus.variegatus.....................
.....................conoderus.scalaris.....................
.....................hydrophilus.ater.....................
.....................lucihormetica.fenestrata.....................
.....................macrodactylus.suturalis.....................
.....................chrysomyia.putoria.....................
.....................erosomyia.mangiferae.....................
.....................culicoides.....................
.....................chlorops.....................
.....................aedes.....................
.....................aedes.aegypti.....................

......................anoplophora.glabripennis......................

......................anopheles......................

......................culex.quinquefasciatus......................

......................zaprionus.indianus......................

......................gasterophilus.haemorroidalis......................

......................neomusca......................

......................philornis.pici......................

......................tubifera......................

......................pineus.boerneri......................

......................orius.insidiosus......................

......................tetragona.dorsalis......................

......................xenostigmus.bifasciatus......................

......................azteca.chartifex......................

......................cephisus.siccifolius......................

......................capulinia.jaboticabae......................

......................mahanarva.fimbriolata......................

......................corecoris.dentiventris......................

......................falsogastrullus.bibliophagum......................

......................xylopsocus.capucinus......................

......................euchroma.gigantea......................

......................acrocinus.longimanus......................

......................hilotrupes.bajulus......................

......................oncideres.impluviata......................

......................cephaloleia.tucumana......................

......................cyrtonota.sexpustulata......................

......................leptinotarsa.decemlineata......................

......................monomacra.clarki......................

......................mordellistena.cattleyana......................

......................litargus.balteatus......................

......................aethina.tumida......................

......................sternocrates......................

......................megasoma......................

......................euphoria.lurida......................

......................phyllophaga......................

......................demodema.brevitarsis......................

......................diloboderus.abderus......................

......................phytalus.sanctipauli......................

......................scarabaeus.sacer......................

......................pulvinaria.innumerabilis......................

......................eristalis.tenax......................

......................hypothenemus.eruditus......................

......................baeocera......................

......................forficula.auricularia......................

......................plebeia.mosquito......................

......................melípona.seminigra......................

......................frieseomelitta.varia......................

......................euborellia.annulipes......................

......................labia.minor......................

......................liriomyza.huidobrensis......................

......................pinnaspis.strachani......................

......................fulgora......................

......................umbonia.spinosa......................

......................pseudococcus.mandio......................

......................gyropsyla.spegazziniana......................

......................ptilothrix.plumata......................

......................labidura.riparia......................

......................partamona......................

......................anisolabis.maritima......................

......................melipona.quadrifasciata.anthidioides......................

......................trigona.cilipes......................

......................trigona.chanchamayoensis......................

......................rhynchosciara......................

......................simulium......................

......................frieseomelitta.doederleini......................

......................melípona.ebúrnea......................

......................plebeia.nigriceps......................

......................plebeia......................

......................plebeia.molesta......................

......................frieseomelitta.meadewaldoi......................

......................frieseomelitta.languida......................

...................geotrigona.mombuca...................

...................melipona.mondury...................

...................partamona.combinata...................

...................scaura.tenuis...................

...................scaptotrigona.postica...................

...................trigona.truculenta...................

...................melipona.compressipes.fasciculata...................

...................trigona...................

...................scaptotrigona.postica...................

...................nannotrigona.testaceicornis...................

...................acromyrmex.subterraneus.subterraneus...................

...................cephalotes.atratus...................

...................odontomachus...................

...................dolichoderus.quadridenticulatus...................

...................acromyrmex.landolti...................

...................atta.sexdens...................

...................acromyrmex.coronatus...................

...................camponotus.renggeri...................

...................chromacris.miles...................

...................phibalosoma...................

...................camponotus.abdominalis.cupiens...................

...................camponotus.rufipes...................

...................azteca.chartifex...................

...................azteca.trigona...................

...................paraponera.clavata...................

...................camponotus.femoratus...................

...................azteca.alfari...................

...................perreyia.flavipes...................

...................pachycondyla...................

...................clypearia.apicipennis...................

...................brachygastra.augusti...................

...................polybia.scutellaris...................

...................epipona.tatua...................

...................polybia.occidentalis...................

...................neocapritermes.opacus...................

...................crematogaster...................

...................cecidoses.eremita...................

......................batrachedra.nuciferae......................

......................sabulodes.caberata.caberata......................

......................scaptotrigona......................

......................trigona.guianae......................

......................partamona.gregaria......................

......................plebeia.emerina......................

......................apis.mellifera.scutellata......................

......................trigona.hyalinata......................

......................geotrigona.mombuca......................

......................melipona.tumupasae......................

......................trigona.spinipes......................

......................lestrimelitta.limao......................

......................lestrimelitta.rufipes......................

......................geotrigona.subterranea......................

......................frieseomelitta.silvestri......................

......................plebeia......................

......................partamona.vicina......................

......................melipona.fuscopilosa......................

......................dolichotrigona......................

......................scaptotrigona......................

......................melipona......................

......................melipona.marginata.marginata......................

......................melipona.obscurior......................

......................muscina.stabulans......................

......................melaloncha......................

......................lutzomyia......................

......................eloria.noyesi......................

......................tunga.penetrans......................

......................perileucoptera.coffeella......................

......................megalopyge.chrysocoma......................

......................cicinnus.despecta......................

......................cyclopis.caecutiens......................

......................neotuerta.platensis......................

......................biblis.hyperia.nectanabis......................

......................agrias.claudina.claudina......................

......................historia.acheronta.acheronta......................

......................dione.juno.juno......................

......................episcada.hymenaea.hymenaea......................

......................timocratica.palpalis......................

......................myelobia.smerintha......................

......................pyralis.farinalis......................

......................heliconisa.pagenstecheri......................

......................rothschildia.jacobaeae......................

......................dirphiopsis.multicolor......................

......................brassolis......................

......................rothschildia.hopfferi......................

......................eumorpha.fasciata.fasciata......................

......................agrius.cingulatus......................

......................pachylia.ficus......................

......................pseudosphinx.tetrio......................

......................erinnyis.ello.ello......................

......................holomenopon......................

......................acanthops.falcataria......................

......................dichochrysa......................

......................corydalus......................

......................dichroplus.democraticus......................

......................anurogryllus.muticus......................

......................stiphra.robusta......................

......................cladomorphus.phyllinus......................

......................leptopsylla.segnis......................

......................hippodamia.convergens......................

......................epilachna.vigintioctopunctata......................

......................epilachna.clandestina......................

......................olla.v-nigrum......................

......................eriopis.connexa......................

......................coccidophilus.citricola......................

......................coleomegilla.maculata......................

......................cycloneda.sanguinea......................

......................azya.luteipes......................

......................pentilia.egena......................

......................harmonia.axyridis......................

......................rodolia.cardinalis......................

......................epilachna......................

........................delphastus.pusillus........................
........................epilachna.paenulata........................
........................ctenolepisma.longicaudata........................

)

NONADA ACÉFALO:

10.

estocarei mais fundo
– b a t a i l l e ! b a t a i l l e ! –
até perfurar miolos voarem insetos (

mariposa-espelho::::::::grande-broca-do-grão::::bicho-do-coco:
::::::caruncho-da-algaroba::::::::::::::::coleobroca-da-figueira::
::::::::::::::::::::::::::::larva-alfinete::::::::::::::::::::::::::::::::::::::
negrito-da-batata-doce:::
besourinho-negro-das-orquídeas:::::::::::besouro-do-botão-floral
:::::::::::::::::::::::::::::cascudo-da-acácia-negra:::::::::::::::::::::::
gorgulhito-das-flores-do-coqueiro::::::::::::::::::::::::::::::::::::::
gorgulho-da-amêndoa-do-cacau:::grossa-broca-das-laranjeiras:
manhoso:::::::::::::maromba:::::::::::::larva-angorá::::larva-arame::
:::::mãe-d'água::barata-luminescente:::::::::::::::::::::::::::::::::::
vaquinha-da-videira:::::::::::::::::::mosca-varejeira-africana:::::::::
::::mosquinha-da-manga:::::::::::::::::::::::::::maruim::::::::::::::::::
mosca-do-aspargo:culicídeo:::::::::::::estegomia:::::::::::::::::::::
besouro-chinês:moriçoca:mosquitinho-doméstico-comum:::::::
mosca-africana-do-figo:estro-hemorroidal:berne:berro:::::::::::
larva-rabo-de-rato:::::::::::::::::::::pulgão-lanígero-do-pínus:::::::::
:::::::::::::percevejo-pirata-de-faixa-amarela:::::::tuju-mirim:::::::::
:parasitoide-do-pulgão-do-pínus::::::caçarema:::::::::::::::::::::::
cigarrinha-de-espuma-do-eucalipto:::::::::::::::::::::::::::::::::::
cochonilha-da-jaboticabeira:::
cigarrinha-da-raiz-da-cana-de-açúcar::::::::::::::::::::::::::::::::::
percevejo-cinzento-do-fumo:broca-pequena-dos-livros:::::::::::::
bostriquídeo-perfurador-da-videira:mãe-de-sol::::::::::::::::::::::
arlequim-da-mata::::::::::::::::::::::::::::::capricórnio-das-casas
:::::::::::serrador-da-acácia-negra::::::besourinho-espinoso::::::::
cássida-de-seis-manchas:dorífora-da-batatinha::::::::::::::::::::::
douradinho-do-maracujá::::::::::::::::larva-mineira-das-orquídeas:

::::::::::::::besouro-fungo-dos-grãos-armazenados:::::::::::::::::
pequeno-besouro-das-colmeias:bicho-bolo:caracachá:cetônia:
:::::::::::::coró:coró-da-soja-sulino:coró-das-pastagens::::::::::::::
coró-do-trigo:::::escaravelho-sagrado:::::::::::::::::::::::::::::::::::::::
escama-algodonosa-do-bordo:::::larva-cauda-de-rato::::::::::::::::
:::::::::caruncho-dos-citros::::::::::::::besouro-brilhante-do-fungo:
:::::::lacrainha-europeia:::::::tujuvinha-mirim:urucu-boca-de-renda
:::::xupé::lacrainha-de-pernas-aneladas:lacrainha-anã-europeia:
mosca-minadora-do-tomate:escama-nevosa-pequena:::::::::::::
jaquiranaboia:cigarrinha-verde-do-espinho:::::::::::::::::::::::::::::::
cochonilha-da-raiz-da-mandioca::::::::::::::ampola-da-erva-mate::::
mamangaba-miúda-rajada::::lacraia-fulva-gigante:::::::::::::::::::::
abelha-de-cupim::::lacrainha-das-praias:::::amanaçaia:::::::::::::::
angelitala:::::araupuá-amarelo-menor:::bicho-de-sete-couros:::
::::::::::borrachudo::::::::::mané-de-abreu:::::manuibara:::miri::::::
:::::mirim:::mirim-guaçu:::moça-branca:::::mocinha-preta::::::::::::
mombuca:::::mondiri:::myre-ti:::::::::::::ramichi-negra::::saiqui:::
::::sanharão:::::tiúba::::::::::torce-cabelos:::::::::::::::::::::::::::tubuna
:::::::tuiú-mirim:::::::::::::::::caiapó:::::::::::::curupé::::::::::::::estralo
:::formiga-cabaça::::formiga-de-boca-de-capim:::mandioqueira:
quenquém-de-árvore:::sararaú::gafanhoto-bandeira:::::::::::::::::
bicho-pau::sarassará-das-colmeias:::sarassará-de-pernas-ruivas
:::tapií:::tapina::::tocandira:tracuá::turu:::lagarta-sete-couro:::::
come-cobra:::::::::::::::::caba-camaleão:::::inxu:inxuí-de-mamica
:::::::inxu-miúdo:::::::::::::::::::::::::::marimbondo-amoroso:::::
::::cupim-rizófilo:::::::formiga-acrobática::::::::::::::::::::::::::::::::::::
borboleta-do-apito-do-macaco:::::traça-das-flores-do-coqueiro
:::::::::::::::::::::::::::::lagarta-mede-palma-do-eucalipto::::::::::::::
:::canudo-torce-cabelos:::
cu-de-vaca-vermelha:cu-de-vaca-preta:::::::::::::::::::::::emerina::::
::abelha-africana::::::::::::::
::guaxupé:::::::::::::::::::::::::::::::guira:::::::::::ichoa-choca-menor:
irapuá::::::::::::iratim:::::iraxim::::::::::::::::::urucu:::::::jateí-pretello::
jati:::::::::kangàrà-kàk-ti::::::::::kuru-bunáki::::::::::::lambe-olhos:::::

:::::::::::::::::::::::mandaguari-tubuna::::::::::::abelha-indígena:
manduri:::mandury-de-palo::::::::::::falsa-mosca-do-estábulo::::::
muquim:::::::::birigui:mariposa-branca-da-cocaína:bicho-do-pé:
mariposa-do-café:saco-de-pó:bicho-de-gôndola:alma-do-diabo
:nóctua-da-videira:boca-do-diabo:::::borboleta-dos-sete-olhos:
::::::::::canoa-de-umbaúba:::::::::lágrimas-de-prata:::::::::::::::::::
transparente:::
borboleta-branca-dos-pomares:::
bicho-da-taquara:::
piralídeo-pardo-da-farinha:::
:::alma
:::bicho-da-seda-do-brasil
:::::::::::::::::::::::::::::::::::::ípsilon:::::::::::::::::::::::::::::::::
borboleta-rapé:::::::::::::::::::::::::::::::::::janela-de-asa-estreita
:::::::esfinge-arlequim:::::::::::esfinge-da-batata-doce:::::::::::::::
esfinge-da-figueira::::esfinge-do-jasmim-manga:::::::::::::::::::
mandarová-da-mandioca:::::::::::::::::piolho-da-base-da-asa:::::::
folha-morta:bichinho-da-fartura:lacraia:::::::gafanhoto-crioulo:
grilo-marrom::::::::gafanhoto-da-jurema:louva-a-deus-de-cobra
:::::::pulga-do-camundongo:::
:::
:::
:::
:::
:::
:::
:::
:::
:::
:::
:::
:::
:::tsé-tsé

::::::::::::::::::::::::::::::::::::joaninha-das-treze-manchas-pretas
joaninha-das-vinte-e-oito-pintas:::::::::::::::::::::::::::::::::::::::
::joaninha-do-chuchuzeiro
joaninha-faixa-branca:::
:::::::::::::::::::::::::::::::joaninha-preta-das-manchas-amarelas
joaninha-pretas-dos-citros:::
::joaninha-rubro-negra
joaninha-vermelha-dos-jardins::
::joaninha-algodonosa
joaninha-anã-algodonosa::
:::joaninha-asiática
joaninha-australiana::
:::::::::::::::::::::::::::::::::::joaninha-comedora-de-folhas
joaninha-da-mosca-branca::
:::::::::::::::::::::::::::::::::::::joaninha-das-cucurbitáceas
joaninha-superpredadora-da-cochonilha-branca-dos-citros::::::::
::traça-dos-livros
) num devaneio à margem do *R I O I R R E S I S T Í V E L*

11.

Insetos.formam.um.xuara...inicia-se.o.sacrifício.
com.a.cabeça.de.tupac...o.inca.terá.a.cabeça.mirrada.
em.seis.dias...antes.secar.a.carne...remover.o.cru.num.corte.
vertical.no.crânio.nuca...olhos.dentes...oferenda.lançada.
ao.rio...rio.parecido.com.o.mar...sem.deixar.o.cabelo.
cair.ferver.a.cabeça.em.água.até.ficar.da.metade.
do.seu.tamanho.normal...retirar.a.água.com.um.pau...
esfriar.e.secar...raspar.a.pele.interna...pele.espessa...igual.
borracha...reduzir.mais.o.tamanho.da.cabeça.com.calhaus.
polidos.e.aquecidos.ao.fogo...enfiar.pedras.pela.fenda.
do.pescoço...uma.a.uma...mais.pedra.cabeça.adentro...aos.
poucos.chamuscar.e.mirrar.a.cabeça...trocar.as.pedras.
por.outras.menores.conforme.a.abertura.do.pescoço...
chamuscar.os.pelos.da.cara...deixar.o.pescoço.retesado...
colocar.areia.quente.na.cabeça...a.cabeça.deve.ficar.
do.tamanho.de.um.punho...espetar.os.lábios.com.três.
lascas.de.xonta...costurá-los.firmemente...escurecer.a.pele.
com.carvão...encapsular.o.espírito.na.escuridão.
da.cabeça.mirrada...um.muisak...muisak-medo...sob.
as.pálpebras.fechadas.colocar.sementes.abauladas.
feito.dois.olhos.terrificantes...abrir.um.orifício.no.topo..
da.cabeça...enfiar.nele.um.cordão.de.casca.de.árvore...
silenciar...aguardar.o.dia.em.que.Xetá.xuara.usará.este.
amuleto..........*C A B E Ç A - T S A N T S A*

12.

raptado pelo sonho-insônia
a *MENINA CURANDEIRA*

sabe da guardiã

c h a l c h i u h t l i c u e

água.águas

(udn'ah, hudor,
water, wasser, ahwa, voda,
awa, éwè,
vandi, unda...
),(
acqua, mutante líquida, aérea,
corredeira, subterrânea,
volumosa, aquém...
)

aquae

fonte
aquífero:
ele ouve a guardiã
nascente
que sonoriza

13.

do vivo que se move ao redor, ela

é

(

água-alma, água-lama,
amálgama

lodaçal, mangal, lamaçal
— lodo parindo a lótus
no céu dos artrópodes pulmonados

água-rota em sua rota
início.meio.fim
— desaguando
no céu-finito
dos cancrídeos com indumentária zodiacal

no acúmulo das águas
— o sal de espumas
espelhando.refletindo.........................
o.céu..da...décima....segunda......constelação

)E L A

14.

ele sabe
agora é antes

falamos em *LÍNGUA ESTALACTITE*

beuys esculpe
a palavra no ar

(.......b e l z e b u n o s l á b i o s d e l e i b n i z.......)

estávamos aqui
antes de esturricar o crânio do planeta

insolação-significado

doença.de.doer.sempre?

estufar a barriga
far(falhar) a fala

pança bagatela
ar comprimindo bagos e umbigo

ir à placenta do rio

SETÁ

15.

agora é depois

esgotamento

g.o.t.a.d.e.n.e.v.e.a.o.s.o.l

nossa distração concentrada

(*LÍNGUA SURDA*

cambaleia

muda):

esse agouro vem de antes

do agora

deus algum ditou língua alguma nenhuma língua nenhum deus nem

um   nem a   nem o   nem uma

nenhum   nenhuma

fonema gota a granel

no monolinguismo do mundo

16.

línguas transcorrem rios idem
rios irrigam línguas bis
fluxos trans-rios *R I O S - L Í N G U A S*
religam deságuam em rio-línguas religare
cadência rilinguao arritmia lingroau
e :
       antes do antes uma fala só
       poesia

17.

Sete Quedas

e

vozes no ignoto
sumidas

mescladas

ao incógnito

à luz
do megawatts

rio parecido com o mar
grande rio

vozes
SETE VEZES SETE

setecentas vezes ao som da queda

voz Ssetá
rufando tambores
cantantes

:

18.

dizem as lendas
     e os desenhos no céu
que as meninas meio-irmãs
     Yvaparé, Guarani, Kaigang,
beberam água no iuiá
     ficaram doidas
treparam na árvore
     atrás de pescado e mel
tocaram tanto tambor
     dançaram no ar
algum deus
     deus do céu
fez delas estrelas
     assim se fizeram as plêiades
e desde então
     têm brilho eterno
pra quem quiser vê-las
     MENINAS-ESTRELAS

19.

ó: *plâncton dinamitado // aerografado:*
pozinhos na página, *ossinhos e brinquedos fósseis*
mais calendários mais pétalas mais vento
mais árvores se sacodem
F L O R E S D E A Ç Ú C A R negro
polvilhadas sobre os olhos de meus mortos: **oh:**
formiguinhas saem de trás das letras
e bailam a *música dos eclipses:* **ah:**
a página-constelação // palimpsesto de céus

20.

cine-céu, *CÉU-JOGO*,
abóboda de animações suspensas,
múltiple móbile – o bugrinho sonha o sonho de outros
no quintal da estrela primeiro de maio –
ptolomeu aparece com seus peixinhos
nos aquários-constelações
e sorri:

a q u a r i u s, a q u i l a, a r a, a r g o n a v i s (e as bastardas
v e l a, p u p p i s e c a r i n a), á r i e s, a u r i g a, b o o t e s,
c a n c e r, c a n i s m a j o r, c a n i s m i n o r, c a p r i c o r n u s,
c a s s i o p e i a, c e n t a u r u s, c e p h e u s, c e t u s, c o r o n a
a u s t r a l i s, c o r o n a b o r e a l i s,
c o r v u s, c r a t e r, c y g n u s, d e l p h i n u s, d r a c o,
e q u u l e u s, e r i d a n o, g e m i n i, h e r c u l e s, h y d r a, l e o,
l e p u s, l i b r a, l u p u s, l y r a, o p h i u c h u s, o r i o n,
p e g a s u s, p e r s e u s, p i s c e s, p i s c i s a u s t r i n u s,
s a g i t t a, s a g i t t a r i u s, s c o r p i u s, s e r p e n s, t a u r u s,
t r i a n g u l u m, u r s a m a j o r, u r s a m i n o r, v i r g o

tycho brahe acompanhado com sua b e r e n i c e

bayer, mais sério, cara de simpósio, comparece: a p u s,
c h a m a l e o n, d o r a d o, g r u s, h y d r u s, i n d u s,
m u s c a, p a v o, p h o e n i x, t r i a n g u l u m a u s t r a l e,
t u c a n a e v o l a n s

royer + c o l u m b a e c r u x

petrus plancius e jakob bartsch com uma para cada um:
c a m e l o p a r d u s e m o n o c e r o s

hevelius põe no jogo suas ilhotas estelares:
canes venatici, vulpecula, lacerta,
leo minor, lynx, scutum e sextans

abbe trouxe todas no bolsinho:
caelum, sculptor, pictor, antlia, circinus,
fornax, horologium, microscopium, norma,
octans, pyxis, reticulum, telescopium e
mensa

o jogo-sonho do bugrinho atraiu as traídas: antinous,
nubes major, nubes minor,
lilium, robur caroli,
mons maenalus, triangulum minor,
cerberus, tarandus, salitarus, messier,
taurus poniatowski, psalterium geogianum,
honoris frederici, sceptrum
brandenburgicum, telecopium herschelli,
globus aerostaticus, quadrans muralis,
lochium funis, machina electrica,
officina typographica e felis

21.

imagens nômades invadem a memória
borradas nuvens no silêncio penetrante —

la noche penetrando
y el glande inflado de tinta, penetrando
hacen el mismo ruido
que la muerte penetrando

— mais mortos que vivos

e cantam
os vivos

e cantam os mortos

– cai azul

(brasa-cabeça)
a corola acesa

dá acesso ao invisível

N I N H O - N A D A S

sob os pés a água que fizera

a foz

e as vozes –

ARÉ

22.

– Almas levedadas livram-se do sono que as velava
entram no fluxo da menina curandeira.

Nem mais nem museu das águas:

a l m a s u r i n a m n o s o n o v e l u d a d o s o n h o.

Almas escorrem da fonte de visões. Vozes insones

murmuram o sonho-insônia Setá.

Vêm todos *los antiguos dueños de flechas.*

Tobas, Wichí e Mocoví.

Vêm os Charrúas.

Todos, vêm todos

S E R E S - I N S Ô N I A

deslizantes com barro poroso na pegada aquífera

23.

ainda antes da queda

a quebra

Agora é nó depois da quebra da queda

Linha-rio

, não linear. É

chicote em fúria.

Não é linha Gogh.

Linha-rio (dever

e devir).(fibra nervosa, linha ziguezagueante de Miller,

E M A R A N H A D A R A N H A copulada pelo caranguejo

: a linha baleeira de Melville). E Miller em Milton:

gosto de tudo o que corre. Os rios, os esgotos, a lava, o esperma, o sangue, a bílis, as palavras, as frases... Tudo que escorre e conspira contra a máquina do

Sr. S u o r

24.

Onde desembocam afinal
as ondas de tudo que há de grande e sublime no homem?
Não há, para essas correntes, um oceano?
Um extremo-oceano?
A linha que vai aos comedores de plâncton.
Aos seres abissais que fogem ao significado da multiplicação.
Essa linha segue atravessando medida e pausa, linha-líquida,
elemento de morte que
é.o.escoamento.de.um.rio.indo.para.o.mar.
Essa, a linha..
....
....
que cintila tuas pupilas no extremo
....
ei..
aspire...
....
ar...
....tateie.........................
....................a...página...
sinta.sua.aspereza..risque-a.............
....ou.esqueça.palavras...................
ou....aqueça-as.........................com.........................dedos-borda
....
....
....
B O R D A - L Â M I N A
....
....

(...),

a coragem de seguir a linha-rio rumo ao despencar.
o ponto final será sempre um gesto covarde.
a linha-rio desvia e margeia.
antes de estar morto, morrer.
não podemos ser indefinidamente o que somos:
palavras anulando-se umas as outras,
ao mesmo tempo vigazinhas inabaláveis,
acreditando-nos fundação do
mundo...
...
...
...
...
...
...

as vagas de cristal do velho oceano:
basta uma diminuir, que outra vai ao seu encontro crescendo

25.

Está *acordado?*
Duvido, e poderia chorar.

Seria eu o primeiro na Terra a sentir a impotência humana
deixar-me louco?

O teu sublime e grande é uma totalidade?

Todos os nomes risíveis dos rios morrem
na E X P E R I Ê N C I A - O C E A N O.

O mar é movimento de ondas que se avizinham a outras
ondas incessantemente.

a linha-rio deseja o profundo, o lugar dos seres distantes.

Alguns sem olhos para nunca virem à luz.

A linha-rio deseja a morte das ondas.
Mas ainda não é o extremo.

Ele não é nunca literatura.
Se a poesia o exprime, ele é distinto disto:
ao ponto de não ser poético, pois,
se a poesia o tem por objeto,
ela não o atinge.
Quando o extremo está lá,
os meios que servem para atingi-lo não estão mais lá.

a h   p o e s i a !

Ainda assim essa linha líquida ergue-se admiravelmente
diante do extremo possível do homem sem oceano em busca
de céu.

Homem-superfície que não suporta o oceano que é
estômago do céu.

Desce daí, **oh** louco!

Estes seres abissais romperam o limite do profundo.

De lá o homem por vir com olhos voltados para dentro
/ *experiência interior*. E
invejável rizoma de comedores uns dos outros.

Aí no canto

tua digital friccionará

escama

sal

26.

Ainda gago?

Agonia instrumental, dor útil, a

mesma treliça que sustenta extremos? Gaza,
Auschwitz, Bálcãs, Haiti,

Hétas? –

TO VLEMMA TOU ODYSSEA

:

Estou com o corpo endurecido, gelado.
Agarrado a cabines de telefone durante todo o dia.
Mau tempo.
A ventania cortou as linhas na fronteira.
Fará com que acorde durante a noite.
Nossa casa é sua casa.
Nossa casa.
Cruzamos a fronteira e estamos aqui.
Quantas fronteiras devemos cruzar para chegarmos em casa?
Quer jantar conosco?
É tarde.
Espera-me em algum lugar.
Boa noite.
–

Há algo mais?
Algo mais?
Mais?

Isto é canto.

27.

CAOS-BELO cruza

centros debulhados pela força centrífuga.

O fragmento expande a forma

$-fcf = m\omega^2 r$ onde m = massa,

ω = velocidade angular e r = raio –

e a faz cruzar gestos singelos isolados

(Bashô, num dia de finados,

ofereceu todas as flores sem retirá-las do lugar.

Cruz viu tantos céus quantos planetas existiam),

sem decifrar em épico a pegada moais

28.

O bugrinho encarou Aquiles

– cara a cara e entre eles um *M I O L O - M I T O*
de mais de dois mil anos –

Aquiles viu Ssetá com desejo de futuro

Hetá desnorteou-o
transmudando seu nome onze vezes

Aquiles, expandido:

"tire-me daqui!"

Aquilo não era mais mito.
Era Aquiles.

Botocudo colocou-o nos ombros e pulou fora do livro.

YVAPARÉ

29.

A S A S   D E R A M   I M P U L S O   À   C R I A N Ç A

o bugrinho entrou num ritornelo Schumann

asas deram impulso à criança

Com flores em mãos o bugrinho desata núcleos

asas deram impulso à criança

Faz cócegas no jesuíta

asas deram impulso à criança

30.

Macerar figuras fantásticas com cabeça tronco membros animalomem. Homemiolonão

...memiolonãoho...olonãomimeoh...miohloãonome...

Enfiar lascas amarrar tiras de casca. Deixar tudo pra Hi'rare por amor à sua comida e habilidade ao usar o urucum. Hi'rare cuidou de Tikuein. O lábio dele recebera o furo do tirau. A dor-dentro encapsulara o sentido de guerreiro num *B O N I T O   T E M B E T Á* enquanto a fumaça o envolvera e o fizera outro. O pequeno pau rememora Tikuein do primeiro Tembetá usado. Ele vê o lábio do primeiro Tikuein e saliva aquela boca até que escorra baba pela beira do beiço. Tikuein reserva a saliva do primeiro lábio para umedecer suas palavras. Todos ouvem Tikuein para ouvir o primeiro. Hi'rare está feliz em ouvir o primeiro por meio de Tikuein e se orgulha de tê-lo pintado e feito sua comida. Hi'rare pensa nisso num zás e Tikuein recebe o pensamento quase não pensado e insere-o no espaço do sagrado em que se encontra. A baba do primeiro Tikuein envolve o pensamento quase não pensado de Hi'rare nas palavras de Tikuein. A musculatura facial adolescente de Tikuein articula-se pela oralidade lubrificada do primeiro. Tikuein agora fala palavras com saliva de guerreiro.

31.

fogo *M A C U R A P*

(bagana guimba

): chispa-ferrão,

chifre-faúlha, Corola-azul. Dança.

pés na brasa // palavra-cinza // nada mais

—

visitou a visão do fogo um

—

.ondas.tikuein.levaram.aranhas.a.aderir.ao.novelolinha.
emaranharam.árvores.em.instalação.contra.a.malária.

32.

Xamã Trobiand inicia o rito

    d e c a l q u e   c o n s t e l a ç õ e s   c o m   o s   p é s

    :

        sezètu
        sezètutu
        sezezagarasèku S E L Ù T U T U
        sagàra sagàra sagàra sagàra sagàra zèku

dança a dança Dugon

dança Wallaby

letrinhas empoadas caem do céu

    :

33.

Um Meidosem mudo extasia dançando na página-céu
emitindo um frenético
TAM TAM GUINEANO

Por que tocar tam tam agora?

... /
Para tomar pulso
Celebrar a vertiginosa A em Ocidente
Acordar os demos de Ática
O covarde daímon arder
Demover astrolábios para rememorar céus
/ ...

34.

mesmo doente
um *M E I D O S E M*
sempre um
maravilhamento

muitos tufos Meidosem, **ah**

(

A sorte faz, às vezes, com que se encontrem com as algas de almas. Misterioso é o seu comércio, mas existe.

Tremores, arrebatamento ciclônico, são os riscos do ar. São as alegrias do ar. Como não se deixar levar pela alta tempestade meidosem?

)

35.

Pé ante pé,
Velhinho,
Cego e gago
vem **K h l e b** ((((
faraó.com.silício.nas.unhas........
..areia..nos..lábios......
.Saara.nas...pegadas.......
.astro-rei..esturricando...caixa-crânio.....
.....silêncio.e....deserto...
...luz..sugada...das...sombras..
..e...dobras....e.silêncio...cerebral..
.............................neutros.nublam.nutrem....
.excitam...raios.de.outro...........céu....
....camelo.rumina...e.....baba..*L S D K A*....
....dialeto...mastigado.....
clã......enfiado..no....deserto...
.pé.ante.pé.na.estepe.
.o....silêncio...não...fisga...a....tempestade...
...de...areia...nos......lábios...............do.sossego....
))) **n i k o v** :

Sim, vivo e continuo um sonho leve

BUGRE

36.

Bugrinho (f l a n e l a
) cuida de uma esquina

     de semáforo a semáforo

oferece espaços aos corpos niquelados que roncam rodas na
disciplina radar

Bugrinho – entre
o tilintar de pequeninos níqueis
caem estrelas que ele doa
e nelas ninguém mais acredita –

     D O M

37.

P o t l a t c h :
o dom acabou
doou tudo
sou // patrimônio imaterial // seu
MONS MAMS MOMAS
tua vez ser moderno
:
dar

38.

latem cães ao pé da árvore sem ar

enlouquece a ama
seca o leite na mama

(rondam *LOS DIABLOS DEL OCUMICHO*
cobiçam corpos de barro)

órfão marcelino molda anjos delicados
entra em desejo pagão
faz do barro o que o barro quer

(rondam los diablos del ocumicho
cobiçam corpos de barro)

39.

Manufatura farta
mãe museu man

pequenos tsantsas panamenses
um contêiner de diablos de barro mexicanos ::::::::::::::

isso, dê-lhes cópias dublês homônimos sósias ::::::::
POTLATCH

40.

: lapso rápido
mãos mágicas mãos

escorregadio

adjetivo latino

: *M O D E R N U* :

Dos tempos mais próximos de nós;
recente.

Dos nossos dias; atual, hodierno, presente.

Que está em moda.

Que existe há pouco tempo.

Antônimo: antigo.

O que é moderno, ou ao gosto moderno.

Evolucionista, progressista.

Os que vivem na época atual.

:::::::::::::::::: a potência é profanar o desuso ///

usar é **m o d e r n o**

41.

... ¶ o sonho épico do menino yvaparé é rastafári ¶ o sonho épico do menino yvaparé é roms ¶ o sonho épico do menino yvaparé é comanche ¶ é kaigang ¶ o sonho épico do menino yvaparé é melasiano ¶ é suruí ¶ o sonho épico do menino yvaparé é guineano ¶ é yamanes ¶ o sonho épico do menino yvaparé não é atávico ¶ é pigmeu ¶ o sonho épico do menino yvaparé é compósito ¶ o sonho épico do menino yvaparé não é raiz ¶ o sonho épico do menino yvaparé é sonhado sob um céu guarani ¶ o sonho épico do menino yvaparé é trama-raiz trançando raízes ¶ é R A I Z   C A M I N H A N T E ¶ é chiapas ¶ é crioulo-quebec ¶ é a trama cigana ¶ é o caos-belo caribenho ¶ o sonho épico do menino yvaparé nem épico é ¶ é épico que se decompõe aos livros de errância ¶ sem miolo ou borda limite ¶ o sonho épico do menino yvaparé é papel antes da pilha ¶ é floresta para os *grandes livros fundadores das humanidades atávicas* ¶ o sonho épico do menino yvaparé nem livro é ¶ é fala sono-insônia multilíngue no dentro de sua língua ¶ o sonho épico do menino yvaparé é poema dilacerado ¶ ...

42.

Bugrinho nasceu fora da aldeia

nem acaso nem passagem

e assim nasce

decalcado da paisagem

NOME SEM SOM

bicho algum o viu nascer

SSETÁ

43.

workshop
com técnicos do sagrado
ou *anesthésie complète*

:

dom e veneno
COISA DADA &
corpos erógenos

:

desencapsular potências rituais
prescrever amnésia à medicina
um totem à cura

:

w o o r a r a
v o o r a r a
w o u r a r i
w o u r a r u
u o u r a l i
u r a r i
o u r a r i
o u r a r y

44.

SEXO FODA DOS INFORMES

Mil e um:...
.......................*perdi o emprego, estou grávida*
(e s s e, m e u l i v r o d e f i l o s o f i a p r e f e r i d o... a m o),
voltei pra minha cidade, nem fralda podia comprar lá,
tudo que ganhei foi de amigos,
agora tô trabalhando graças a deus já posso comprar fraldas e leite

Menos dois:......................................
tava ali quando vi o cara tombar e o chão (
a b r i u h o j e m i n h a e x p o, c ê v a i n é?)
ficou um vermelho só, sei não, acho que uma bala perdida dos óme

Trezentos:...
....
....
....
sei lá, tem velho com mais de oitenta cumprindo pena (
h o j e e n v i e i m e u l i v r i n h o d e p o e s i a
pra biblioteca pública, de pósito legal,
a p r o v e i t e i e f i z u m a r e m e s s a p r a a l g u n s c r í t i c o s),
uma galera que caiu por causa de uma trouxa de maconha.

45.

Gode
: mais mortos que vivos

Gode
: quem a esqueceu?

Gode
: em Amharique é b u r a c o

Gode
: subtraída a vogal:

U N D E R G O D

46.

a roberto piva

ferozes......................motores....cruzam...........................
...............o.céu.decifrado..
........................a.bordo.o.menino.curandeiro............................
....
...adeus,...amigo..
....
o.boing....engole.....vácuo......pelas....nadadeiras.....................
....
....abre...uma......brecha.no.tempo..
....a.menina
.curandeira.retomará.a.brincadeira.dos.mundos.noutro.lugar.
....
decalcará...
....
....palavras.
na.página...
....
....
no.bolso..
....
....a.estampa.mais.bonita.embrulhando.ásperos.pensamentos
....
céus.continuarão.em.seu.mocó.com.nuvens.insetos.tecendo.
.....................*LINHAS DA PALMA*...................................
....
....
....
....
....
....
....

47.

Yvaparé,

sozinho, sem alma e memória, à beira-mar

/
Longe, bem longe, como se houvesse desembarcado em outro
planeta, como um homem tomando pé após a morte. [...]
A paisagem? Ele zombava da paisagem. [...] A humanidade?
Não existia. O pensamento? Caído como pedra na água.
O imenso e cintilante passado? Empobrecido e usado, frágil, frágil
e translúcida escama lançada na praia.
/

Yvaparé na praia

C A N G U R U N Ô M A D E

> *Le Kangourou Nomade est un monstre imaginaire /*
> *Né de l'alchimie d'un soir de concert*

O *apeíron* de Anaximandro, seu livro dos contrários –

quente-frio, claro-escuro, dia-noite –

perdeu-se

nessa margem da margem. (Jump! Jump! Jump!

pisadas no barro até que o homem desande à pisciforme)

O canguru salta para fora de Yvaparé.

É Lawrence!

Espalma as costas mornas do moreno Yvaparé.

Os dois riem.

Os últimos na praia alhures.

48.

outros nômades se movem colheita sim colheita

não sob densa nuvem não histórica na Z O N A

C I N Z A a moeda única nunca basta às suas mãos

que enrugam mais que rostos e a usura

amoeda caras sem alcunha e nome algum

zera azara rasura usa arrasa o raro embota rói

& unhas úteis higienizadas gotejam azeite de oliva

salpicam orégano (nome grego dado à erva e

seu aroma, *oros ganos, alegria das montanhas*)

da safra nômade de colheita não colheita sim

49.

degole a cabeça
ela pensa com os joelhos

tome hematoma, homem!
um C L O C K W O R K nunca está à toa

comam tudo : comam tudo
deixem os ossos empilhados

BOTOCUDO

a Wilson Bueno e Juan L. Ortiz

50.

À sua janela
uma árvore se arvora

Vai até ela –

É JUANELE se penteando:

"para que el aire fluyera más entre los hilos de la fuerza"

Copa-cabeça,
cabelo-filamento,
mechas-folhinhas ao vento.

É Juanele com
suas rugas-afluentes
de rio

(visão pororoca

: o poeta em sua mesopotâmia
desde a infância

SSetá Wilson
nas águas

Gualeguay, Paraná,
Iguaçu, Paraguai)

51.

A ÁRVORE CABELUDA
à margem úmida do rio
deixa passar o vento assoviando
entre suas folhinhas

:

No te detengas alma sobre el borde
de esta armonía
que ya no es solo de aguas, de islas y de orillas.
¿De qué música?

52.

RITO LÍQUIDO
eufóricos, os rios riem
ao se aproximarem do mar

linha desde a nascente a se precipitar
riscará seu nome
em nome do mar

53.

quase mar ~ os rios sonorizam sobre o aquífero ~ ~ ~ ~ ~ ~ ~ ~
~ ~
~ ~
~ ~
~ ~
~ ~
~ rio a ç u
rio rio a ç u n g u i rio a d e l a i d e rio á g u a q u e n t e rio á g
u a s v e r m e l h a s rio á g u a b r a n c a rio á g u a a m a r e l a
rio a l o n z o rio a r e i a rio a n d r a d a rio a z u l rio b a n d e i r
a rio d o b a n h o rio b a r a b a q u a ribeirão d a b a r r a rio b a
r r a g r a n d e rio b a r r e i r o rio b e l o rio b e n j a m i m c o n
s t a n t rio b o a v i s t a rio b o n i t o rio d a a n t a rio b o r b o l
e t a arroio d a b o t u c a rio b r a n c o rio b e l é m rio c a c h o
e i r a rio c a i u á rio c a m p o r e a l rio c a n o a s rio c a n t u rio
c a p a n e m a rio c a p ã o g r a n d e rio c a p i v a r i rio c a p r
i c ó r n i o rio c a r a c ú rio c a r a j á rio c a r a n t u v a rio c a v
e r n o s o rio c h o p i m rio c i n c o v o l t a s rio d a s c i n z a s
rio c l a r o rio d a s c o b r a s rio d o c o b r e rio c o n g o n h a
s ribeirão c o r o a d e f r a d e rio c o r u m b a t a í ribeirão d o c
o r v o rio c u n h a p o r a n g a ribeirão d o d i a b o rio e n c a n
t a d o rio d a f a c a rio d a f a r t u r a rio f e i o rio f l o r i a n o
rio f o r m o s o rio f o r q u i l h a rio i n h a n d a v a rio f o r t a l
e z a rio g o i o e r ê rio g o i o - b a n g rio g o n ç a l v e s d i a s
rio g r a n d e arroio g u a ç u rio g u a r a n i rio l a j e a d o g r a
n d e d o s í n d i o s rio g u a r a u n i n h a rio i a p ó rio i g u a ç
u rio i m b a ú rio i m b i t u v a rio i p i r a n g a rio i p o r ã rio i t
a p i r a p u ã rio i r a t i m rio i r a t i n z i n h o rio i t a ú n a rio i
t a r a r é rio i v a í rio i v a i z i n h o rio j a c a r é rio j a c a r e z i
n h o rio j a g u a r i a í v a rio j a n g a d a rio j a r a r a c a rio d o
s j e s u í t a s rio j o r d ã o rio j u t u v a rio l a r a n j a l rio l a r a

njeiras rio lajeado rio das lontras rio lonqueado
r rio macacos rio mamboré rio marrecas rio mator
ico rio maurício rio do meio rio melissa rio miring
uava rio mourão rio muguilhão rio negro rio o coi
rio da onça rio palmital rio dos papagaios rio para
caí rio paraná rio paranapanema rio parati rio pa
ssa três rio passauna rio passaúna rio pato branc
o rio dos patos rio da pescaria rio pinhão rio pimp
ão rio piraí rio piraí-mirim rio piquiri rio pirapó rio
piraquara rio pitanga rio pitangui rio poço boni
to arroio poço grande rio ponta grossa rio poting
a rio da prata puturã rio quati arroio rafael rio ribe
irinha rio represa grande rio ribeira rio do rocha
rio do salto rio santana rio santo antônio rio são f
rancisco rio são francisco falso sul rio são franc
isco falso norte rio são jerônimo rio são joão rio s
ão joão surrá rio são lourenço rio são sebastião
rio sapucai rio siemens rio tacaniça ribeirão taman
duaeté rio tapera rio tatuí rio tormenta rio tapira
cuí rio tibagi ribeirão do tigre rio tricolor lajeado t
ucuiduva rio tourinho rio turvo rio ubazinho rio u
beraba rio urutago rio da várzea rio do veado rio v
erde rio vermelho rio vitorino rio vorá rio xambrê
arroio z ororó ~~~~~~~~~~~~~~~~~~~ linha desde
a nascente aprende a perder-se (TODA PROSA

54.

Porosa portunhola afeminada
(submersa
poética
acidental)
~ ~
~ ~
~ ~
~ ~
Som sensível,
audível entre águas. Elas
vêm desse útero líquido e arenoso
com bordas aflorantes,
águas alcalina-bicarbonatada-cloro-sulfatada-sódica
e sólidos totais dissolvidos, prosa
P O R O S A
~ ~ ~ ~ ~ ~ ~ ~ ~ ~ ~ ~ ~ ~ ~ ~ ~ ~ ~
~ ~ ~ ~ ~ ~ ~ ~ ~ ~ ~ ~ ~ ~ ~ ~ ~ ~
~ ~ ~ ~ ~ ~ ~ ~ ~ ~ ~ ~ ~ ~ ~ ~ ~ ~
~ ~ ~ ~ ~ ~ ~ ~ ~ ~ ~ ~ ~ ~ ~ ~ ~ ~
~ ~ ~ ~ ~ ~ ~ ~ ~ ~ ~ ~ ~ ~ ~ ~ ~ ~
~ ~ ~ ~ ~ ~ ~ ~ ~ ~ ~ ~ ~ ~ ~ ~ ~ ~
~ ~ ~ ~ ~ ~ ~ ~ ~ ~ ~ ~ ~ ~ ~ ~ ~ ~
~ ~ ~ ~ ~ ~ ~ ~ ~ ~ ~ ~ ~ ~ ~ ~ ~ ~
~ ~ ~ ~ ~ ~

55.

ÁGUAS sonorizam ~~~~~~~~~~~~~~~~~~~~~~~~~
~~ ondinhas ~~~~~~~~~~~~~~~~~~~~~~~ sons ~~~~
~~~~~~~~~~~~~~~~~~~~~~~~~~~~~~~~~~~~
~~~~~~~~~~~~~~~~~~~~~ sons~entre ~~~~~~~~
~~~~~~~~~~~~~~~~~~~~~~~~~~~~~~~~~~~~
~~~~~~~~~~~~~~~~~~~~~~~~~ prosa ~~~~~~~~~
~~~~~~~~~~~~~ portunhol~ ~~~~~~~~~~~~~~~~
~~~ indígena ~~~~~~~~~~ ~~~~~~~~~~~~~~~~~
~~~~~~~~~~~~~~~~~~~~~~~~~~~~~~~~~~~~
~~~~~~~~~~~~~~~~~~~~~~~~~~~~~~~~~~~~
~~~~~~~~~~~~~~~~~~~~~~~~~~~~~~ ondinhas
~~~~~~~~~~~~~~~~~~~~~~~~~~~~~~ sensíveis
~~~~~~~~~~~~~~~~~~~~~~~~~~ inaudíveis ~~~~
~~~~~~~~~~~~~~~~~~~~ aos ~~~~~~~~ passantes ~
~~~~~~~~~~~~~~~~~~~~~~~~~~ do ~~~~~~~~
~~~ solo ~~~~~~~~~~~~~~~~~~~~~~~~ do ~~~~~
~~~~~~~~~~ aquífero ~~~~~~~~~~~~~~~~~~~~
~~~~~~~~~~~~~~~~~~~~~~~~~~~~~~~~ misiones~
~~~~~~~~~~~~~~~~~~~~~~ correntes~ ~~~~~~~~~
~~~~~~~~~~~ entre~ríos ~~~~~~~~~~~~~~~~~~~
~ concepción ~~~~~~~~~~~~~~~~~~~~ amambay ~~
~~~~~~~~~~~~~~~~~~~~ san~pedro ~~~~~~~~~~~
~~~~~~~~~~ canindeyú ~~~~~~~~~~~~~~~~~~~~
alto~paraná ~~~~~~~~~~~~~~~~~~~~ neembucú ~~~
~~~~~~~~~~~~~~~~~~ itapuá ~~~~~~~~~~~~~~~~

~ ~ ~ ~ ~ caaguazú ~ ~ ~ ~ ~ ~ ~ ~ ~ ~ ~ ~ ~ ~ ~ ~ ~ ~ ~ caapazá
~ guairá ~ ~ ~ ~ ~ ~ ~ ~ ~ ~ ~
~ ~ ~ ~ ~ ~ ~ ~ artigas ~ ~ ~ ~ ~ ~ ~ ~ ~ ~ ~ ~ ~ ~ ~ ~ ~ ~ salto
~ ~ ~ ~ ~ ~ ~ ~ ~ ~ ~ ~ ~ ~ ~ ~ ~ ~ ~ paysandu ~ ~ ~ ~ ~ ~ ~ ~ ~
~ ~ ~ ~ ~ ~ ~ ~ ~ ~ ~ rivera ~ ~ ~ ~ ~ ~ ~ ~ ~ ~ ~ ~ ~ ~ ~ ~ ~ ~
tacuarembo ~ ~ ~ ~ ~ ~ ~ ~ ~ ~ ~ ~ ~ ~ ~ ~ ~ ~ rio~negro ~ ~ ~
~ ~ ~ ~ ~ ~ ~ ~ ~ ~ ~ ~ ~ ~ ~ durazino ~ ~ ~ ~ ~ ~ ~ ~ ~ ~ ~ ~ ~
~ ~ ~ ~ ~ ~ rio~grande~do~sul ~ ~ ~ ~ ~ ~ ~ ~ ~ ~ ~ ~ ~ ~ ~ ~ ~
~ minas~gerais ~ ~ ~ ~ ~ ~ ~ ~ ~ ~ ~ ~ ~ ~ ~ ~ ~ ~ goiás ~ ~ ~ ~
~ ~ ~ ~ ~ ~ ~ ~ ~ ~ ~ ~ ~ ~ mato~grosso~do~sul ~ ~ ~ ~ ~ ~ ~
~ ~ ~ ~ ~ ~ ~ ~ ~ ~ ~ ~ mato~grosso ~ ~ ~ ~ ~ ~ ~ ~ ~ ~ ~ ~ ~ ~
~ ~ ~ santa~catarina ~ ~ ~ ~ ~ ~ ~ ~ ~ ~ ~ ~ ~ ~ paraná ~ ~ ~
~ ~ ~ ~ ~ ~ ~ ~ ~ são~paulo

56.

O bugrinho Wilson abriu o mocó
esparramou sua
LÍNGUA-PEDREGULHO

açucaguassuchorurócaguaracauajuácabussucocaiaguarapiran
c a
aaricanduvacaçacuéracupecêguararáanhangabaúcaçandocae
m a
irapuéraguaratimbaquiruvuguassucaçapavagopaúvaguaraúb
m
picangùeraguacuriguavirutubabotucuaracanindéguaiaúnaimb
d a s
rasbuçucabacaraguatáguaióitaberababutantancarapicuibagua

iraitacuaquecetubaitacuérajaguarénhanguassútacuaxiaraitag
d e
assujaraguápacaembútamanduiteiitaimjaraúparitamburéitapa
s e n
icuérajuquiripiquiritatuapéitaperoájurubatubapirajussaratrem
t i
mbéitapiciricamandaquipiritubatucuruviitararémandipirucaiau
d o s
erabaipirangamhoipratiutingajaceguavaoumoocapoávotussu

ungajaceguaimurumbiquitaúnavoturantimjacunémutingasara
i n
uraacaráguarámaracanãsucurianuguaribamucuímsuindaraara
t e r
ongaguaripumumbucasurubiarapuáguaru-guarumussuranasu
n o s
suaranaararagùirámutucatabaranabacurauiçámutumtamandu
e

bai
tacainhambunh
açanãtambijuábiguái
rarapacatambiúbiribaitobipacutanajuraborájacarépairirutanga
rácaçunungajacupiabataperacambucujaburupiaparatariracani
nanajacutingapenambitaçuíracapivarajaguatiricapiracambucu
tatetocará-carájaópiracanjubatatoranachabójapupirajutatuco
rójapuírapirambóiatietêcuatijararacapiranhatirivacuiú-cuiújate
ísabiátovacacumbéjaúsabiá-cicatuimcupimjiquitiranabóiasabiá
-pocatuiuvacuriangojundiásabiá-unatuvunacurimbatájurutísan
haçourucuriólambarisanharãourubucurruíramamangavasaracu
raurutaucuruquerêmandaçáiasará-saráurutucutíamandaguaris
aúvaxororógambámandisiriêmaxupimgaturamomandorovásir
igiboiamandu   xicapitavaja
borandipitan   f e n d a f u n d a   piúvaaraçácar
naúbajacaran   arésagüiararibáca
rurujantásapéaraticu   catiásapuvaaçatungacip
ójarivásumaúmabacabacrindiuvajataítaiovabaguassugrumixa
majiquitaiataiúvabracuíguabirobajiquitibátacuarabrejaúvaguã
ibèjovévatacuariburitiguandujuátacuaritingabucuvaguapêjure
matacuarussubutiáguapocarímacaúbatimbócabiúnaguareróv
amanacátimboricabriúvaguanxumamandiócatiririicacaiapiágua
raiúvamangavatrapoerabacajuruguaratãmaracajátucumcambu
ciguatambumaçaranduvaurucucambuíimbaúvanhapindáurucu
ranacanjaranaimbúiaorindiúvauvácanximindaiáperovacapimin
gápipócaberévacupimpiracematabatingabossorócajoçáporor
ócataguácambuquiramanipuêraquirératijucocapãonambiuvus

mole não
mascatear bugres paraguaios
mar adentro

quécaaratacachuãjiquimipevaarimbájacájuquiápamonhapamo
nãpindacuêmasamburátacuruparipipócasapicuátipitipaçocapi
acaiporacoivar

apiáaívajururúpepuírapungachimbevamacaiapererécasaramb
éiténambipiricicaturunajaguanénapévapiṛiricajavevópangaré
piúvajissipararacapururucãotussunungajaceguaimurumbiquit
aúnavoturantimjacunémutingasaracuraacaráguarámaracanãs
ucurianuguaribamucuímsuindaraarapõngaguaripumumbucas
urubiarapuáguaru-guarumussuranãsussuaranaararagùirámutu
catabaranabacurauiçámutumtamanduábaitacainhambunhaça
nãtambijuábiguáirarapacatambiúbiribaitobipacutanajuraboráj
acarépairirutangarácaçunungajacupiabataperacambucujaburu
piaparatariracaninanajacutingapenambitaçuíracapivarajaguatir
icapiracambucutatetocará-carájaópiracanjubatatoranachabója
pupirajutatucorójapuírapirambóiatietêcuatijararacapiranhatiriv
acuiú-cuiújateísabiátovacacumbéjaúsabiá-cicatuimcupimjiquitir
anabóiasabiá-pocatuiuvacuriangojundiásabiá-unatuvunacurim
batájurutísanhaçourucuriólambarisanharãourubucurruíramam
angavasaracuraurutaucuruquerêmandaçáiasará-saráurutucutí
amandaguarisaúvaxororógambámandisiriêmaxupimgaturamo
mandorovásirigiboiamandurisocóabacatecapixinguiipêpiriabac
axicapitavajaborandipitangaandaguassúcaraguatájabuticavapi
úvaaraçácarnaúbajacarandásamambaiaaruêracaróbajacarésag
üiararibácarurujantásapéaraticumcatanduvajaracatiásapuvaaç
atungacipójarivásumaúmabacabacrindiuvajataítaiovabaguassu
grumixamajiquitaiataiúvabracuíguabirobajiquitibátacuarabreja
úvaguãibèjovévatacuariburitiguandujuátacuaritingabucuvagua
pêjurematacuarussubutiáguapocarímacaúbatimbócabiúnaguar
eróvamanacátimboricabriúvaguanxumamandiócatiriricacaiapiá
guaraiúvamangavatrapoerabacajuruguaratãmaracajátucumcam
buciguatambumaçaranduvaurucucambuíimbaúvanhapindáuruc
uranacanjaranaimbúiaorindiúvauvácanximindaiáperovacapimin
gápipócaberévacupimpiracematabatingabossorócajoçápororóc
ataguácambuquiramanipuêraquirératijucocapãonambiuvusamb
iquiratupururucacapuêrapacuérasapirócacatapórapichuásororó
cacatingapicumãsuãarapucacaxerenguenguejacubamuquécaar
atacachuãjiquimipevaarimbájacájuquiápamonhapamonãpindac

SJETA

57.

flor nesse *A L H U R E S   N E M* ? ao redor tudo árido seco sem
fertilidade e homens trabalham plantam colhem uma ilha
de lama e e s s e   a g o u r o somente c.o.m.e.r c.o.m.e.r
c.o.m.e.r lugar de pequena extensão retângulo de terra
poeirenta aguada um nicho barroso.

a mulher invade o ermamento e é p r e s e n ç a

alvoroço e

        quebra

        "saia deste lugar"

        ela se jogou sobre um dos retângulos e se lambuzou
barrosamente. mãos e pés no chão, de quatro, bicho-mito,
boceta-umbigo-cu, tudo é olho, pernas abertas, coxas com
        músculos tesos desenho desafio

        )))deus(((

sua boceta revela a trans de um nome. louva-deus. a boceta
cuspiu um ganso adulto. primeiro o pescoço depois o corpo
e as patas. o ganso andou aqui e ali. olhou-os. meteu medo
em todos. eram homens um ganso uma mulher.

        ela inseto-Sjeta

58.

S O L I D Ã O

Letrinhas garranchosas, miúdas
à margem do espaço da página
no caderno de ciências:

Gaia rara –

No limítrofe dos confins
ex-estrela briluz

59.

querer ser tudo
conter tudo
apreender tudo ////

a ideia de Deus –
nihil videt et omnia videt
: o nihil incognitum!

– tudo fazer explodir?

ascese-bomba?

/// não.

Renunciar ao todo vir a ser.

A hagiografia é só uma escrita az que dá asas ao anjo.

(Sjeta T I G U Á sagaz manipula bonecas de cera de abelha:

seres opacos,

liquefeitos

e borbotados)

60.

não é Midas não é mel
deixe Midas cintilar anel de lata
coca-cola

Miss de olhos-blecaute

O mínimo é pouco e ilumina-se
em instante de respiração
                                    gozo

teia, ar, tufo,
casca de pão... pum!
não baba dúvida ao que é par
floco de neve, unha, naco de nuvem, onda, corpo, cubo, um
mais um
tudo se parece e não é igual

Midas não vale
o cacho de cabelo da moça que ela era,
                                    LARRY BELL

61.

os polidos vêm aí..
não balbuciam feito bárbaros...
não sacrificam carneiros..
eles vêm, civilmente, romper o limite................................
não há mais quero viver..
não há mais o viver que todo homem quer
viver...
viver....viver..
o.odor.da.morte.não.exala.a.morte....................................
a.morte.incolor...
a.certeza.da.morte....morte.sem.barganha....morte.indolor.....
sem.o.balbucio.dos.bárbaros..
OS AFÁVEIS VÊM AÍ..

62.

c=o=r=p=o e=s=t=i=r=a=d=o n=o b=a=l=d=i=o
g=e=l=a=t=i=n=a p=e=l=u=d=a
c=o=m t=i=r=a=s d=e p=e=l=e h=u=m=a=n=a
a=t=r=á=s d=o=s g=l=ó=b=u=l=o=s v=í=t=r=e=o=s
a=s p=u=p=i=l=a=s v=i=d=r=a=m o=p=a=c=a=s
t=r=i=p=a=s
o=c=a=s
v=e=i=a=s
s=e=m
s=a=n=g=u=e
c=a=r=n=e b=r=a=n=c=a e=m p=a-n=e
r=e=t=a=l=h=a=d=o a g=i=l=e=t=e
b=a=n=h=a b=a=n=a=l
a=n=ô=n=i=m=a
s=i=g=l=a l=M=L n=a f=a=l=a=n=g
s=e=m c=ó=d=i=g=o d=e b=a=r=r=a=s
A a Z D=N=A p=r=e=d=a=d=o=r
g=e=l=a=d=o
s=a=n=g=u=e v=í=s=c=e=r=a=s à m=o=s=t=r=a
e=m=b=a=l=a=g=e=m v=i=o=l=a=d=a
e=m=b=r=u=l=h=o
c=o=m c=o=n=t=e=ú=d=o d=e=s=c=o=n=t=r=o=l=a=d=o
m=a=s s=e=r=i=a=l
n=a=s m=ã=o=s u=m p=a=p=e=l e=s=c=r=i=t=o
p=e=r=i=c=i=a=d=o c=a=n=e=t=a b=i=c
:
URBE DESOVA

63.

m oeda
    m oenda
          m ói m anda   é m eio
    m édio
       m édia ainda
       nada m uda
          o m undo m uito tudo m enos
              nada m undo todo
      m udo o m undo m ais m enos

/

ANTI WELTANSCHAUUNG

o dia lua

:

(((((((((((Tudo está dito,
e viemos tarde demais,
há mais de sete mil anos que há homens,
e que pensam.
No que diz respeito aos costumes,
o mais belo e o melhor é retirado.
Nada fazemos senão recolher o que deixaram
os antigos,
e os hábeis dentre os modernos.

la bruyère

))))))))) Nada está dito.
chegamos cedo demais,
pois há mais de sete mil anos existem homens.
no que diz respeito aos costumes,
bem como no restante,
o menos bom é retirado.
Temos a vantagem de trabalhar depois dos
antigos,
os hábeis dentre os modernos.

lautréamont

((((((((((Tudo já tivera sido dito antes de tudo
e nada parecer ter sido dito.
Chegamos no tempo certo,
há mais de sete mil anos existem homens.
No que diz respeito aos costumes,
o restante é nossa vantagem –
trabalhar depois dos antigos e dos modernos.
Sabemos dos laços que os unem.

bugrinho

) ...

CHETÁ

64.

X E T Á N U V I O S O , grou taciturno,
homem-inquilino com mesnada nas pupilas
entre a serpente e o pulsar

nesse rio irresistível, sono-insônia,
menino curandeiro com língua estalactite
língua surda na cara do espelho

em uma das mãos, cabeças-tsantas. Na outra,
flores de açúcar

– ninho-nadas –

Setá sete vezes sete, rio-línguas nas linhas da palma

sono-insônia,

céu-jogo:

65.

Xetá vê o opaco hã
o nada sem ninho algum
Xetá sem tela-testa se atira nesta F R E S T A
vãos vruns – (corte no caos

| a vida vai se perder na morte | os rios no mar | o conhecido no desconhecido

)

|

(...)

66.

Pelo vão dessa fenda *T U D O N A D A* se funda

67.

/

No halo da morte,
e somente aí,
o eu funda o seu império;
ali vem à luz a pureza de uma exigência sem esperança;
ali se realiza a esperança do eu-que-morre
(esperança vertiginosa, fervendo
de febre, onde o limite do sonho é recuado

/

Setá trans Notobotocudo trans Hetá trans Setá trans Até trans Yvaparé trans Bugre trans Ssetá trans Botocudo trans Sjeta trans Chetá trans Xetá trans

/

QUE CÉU É ESSE?

(Céu-jogo recomeça)

68.

FONTENELLE PENSA EM XETÁ

– é bom lembrar que em mercúrio se viveria cinquenta anos
valendo talvez vinte; em saturno, cento e cinquenta valendo
quem sabe cinquenta
/
nem tempo todo existe nem tempo algum

69.

Numa *I N S Ô N I A - L U Z*
Xetá pensa com Fontenelle
o escape-dissimulação
e o espelho-entulho

:

{{{palavra sem voz

{{{forças sem formas

{{{sorrisos sem rostos

70.

Na tela-testa Xetá

céu sem seu céu

A terra está aos seus pés como um lixo.
Acima dela, o céu está vazio.

O que se vê
não mais está

– O riso entrou pela íris
o menino pensou a *N U V E M N E G R A*

s a i r d e s i

m u d a r d e c é u

XETÁ

ÀTEX

71.

a abóboda-embrulho abre-se não

hábitat

um dentro sem barulho

o bugrinho deseja um céu *ABÓBODA TÁTIL*

CÉU OUTRO OU

72.

E pergunta

: *teu céu é teu?*

Profundidade e pele-estampa de estrelas

Estética do confim

Armazém de mitologias

Abajur desejo ratio

outro céu outro CÉU OUTRO o u

73.

CÉU-SACRIFÍCIO

malha manto mar rumor ininterrupto

lugar de assombro
comunidade dos mortos
suspiro reverberado em imagem muda que se mantém
durável mutação ....
....
....
....
....
.......................olhos virados para o avesso/a grande realidade
vidrando do fora para o fora/lugar dos ossos e salamandra/
língua do esperma/vida ínfima

céu níquel

ou

74.

CÉU DECALCADO

reunir céus alheios em caixas de vidro vazadas para que luz ilumine séculos.

céus roubados do multiverso do mundo.

a imaginação é ventríloqua líquida e se dilata.

E vaza.

Evapora.

Vai e volta.

É extrema.

Imaginar vaporosamente ainda não é água.

Água não é ventríloqua. O

Aquífero poroso se move sob os pés. Bambeia pedregulhos.

Mas isso de chão não é céu.

75.

dilacerou esse céu quando a faísca migrou da pedra para a carabina. o céu desabou quando estancou o rio parecido com o mar. o céu se debateu assim como não havia tapuy-apoeng em oka-wuatxu que ficasse em pé. C É U - C H Ã O migrou de céu. o bugrinho sabe que céu é lugar do pensamento que não pensa. a grafia do céu é palimpsesto e lâmina que se embaralha.

o céu Xetá ainda em jogo

sonoinsônia xetá em céu OUTRO :

inquilino sob palimpsestos de céus :

76.

Xetá sob

CÉU AFETIVO

céu guarani

: sonoinsônia xetá em céu outro :

: inquilino sob palimpsestos de céus :

77.

o bugrinho sem-céu

setenta e sete vezes

pensamento palimpsesto

a céu aberto

céu de céus

sinônimo de sítio delicioso

CÉU NÔMADE

céus e mais céus e céus transfigurados

AO ABERTO (FUGAS)

...tempo.assimétrico.no.S Í T I O...D E L I C I O S O...S E I S.onde.o.poeta.empilha.estrelas.ossinhos.letrei

tempo.assimétrico.no.SÍTIO...DELICIOSO...SEIS.onde.o.poeta.empilha.estrelas.ossinhos.letreiros

..................................no..*SÍTIO..DELICIOSO..CINCO*..

..........a.serpente.nuviosa.envolve.o.planeta..........

o.SÍTIO...DELICIOSO...SETE

exibe.fálicos.amuletos.zoomorfos.

.a.brecha.hisatsinom.no.*S Í T I O*...*D E L I C I O S O*...*Q U A T R O*.confere.singularidade..........

...............ao.solstício.de.verão.na.aldeia.bonita...

............linhas.da.página-nazca.do.livro.deserto.cecília.pergunta:.*who.reads.the.signs*..........
......no...S Í T I O...D E L I C I O S O...U M?...

..no.multiverso.sem.medida.do.*S Í T I O...D E L I C I O S O...T R Ê S*...

rei.eu.o.maestro.dessa.big-band.de.insetos.de.presença.dispersa.no.silêncio.dos.eclipses?.....

.............no.*S Í T I O   D E L I C I O S O   D O I S*...
.....embrulhos.de.nuvens.dissimulam.*criaturas.de.outro.som*.às.margens.de.outra.forma.....

Epílogo

Curare expandiu-se livremente da fala que Nhangoray teria dito ao espelho. Esta fala imaginária é *lugar desejado* - ou, *sítio delicioso* - para o poema que se recusa a fechar-se. Assim, nos conceitos consagrados da linguagem hospedeira, importa o sacramento de uma oralidade à medida que está em jogo o testemunho, o rito oral do outro. E isto só me é possível por meio de um juramento. O meu rito oral (afetivo) é, então, dizer em público este poema apenas com o Carretel Curare, etnoperformance de preceitos voltados para o juramento, no sentido posto por Benveniste: "uma modalidade particular de asserção, que apoia, garante, demonstra, mas não fundamenta nada. Individual ou coletivo, o juramento só existe em virtude daquilo que reforça e torna solene: pacto, empenho, declaração. Ele prepara ou conclui um ato de palavra que só possui um conteúdo significante, mas por si mesmo não enuncia nada. Na verdade é um *rito oral*, frequentemente completado por um rito manual, cuja forma é variável. E a sua função não reside na afirmação que produz, mas na *relação* que institui entre a palavra pronunciada e a potência invocada". Por isso, mesmo com cautela, sugiro ao leitor, toda vez que fizer o poema repercutir com a voz, se assim o desejar, coloque-o em estado de rito oral.

Curare
foi impresso sobre os papéis Cartao Supremo LD 250g (capa) e Off-set LD
120g (miolo), com a tipologia Candara e tiragem de 1 500 exemplares para
a Editora Iluminuras, na primavera de 2011.